XXVIII

DE LA
CONTRAINTE PAR CORPS

OU DE

L'EMPRISONNEMENT CIVIL EN ALGÉRIE

PAR

C. FRÉGIER

Président du Tribunal civil de première instance de Sétif, membre de l'Académie
de Législation de Toulouse

> . . . . Non antè revellar
> . . . . quàm te complectar. . . .
> . . Libertas! . . . . . .
>   LUCAN.

> La loi de la propriété de notre personne,
> ou ce qui revient au même, la loi de la
> *liberté*, est une loi divine. Y attenter, c'est
> attenter à notre vie.
>   MIRABEAU.
>   (*Des Lettres de cachet.*)

CONSTANTINE

TYPOGRAPHIE ET LITHOGRAPHIE ALESSI ET ARNOLET

—

1863

DE LA

CONTRAINTE PAR CORPS

OU DE

L'EMPRISONNEMENT CIVIL EN ALGÉRIE.

ÉTUDES LÉGISLATIVES ET JUDICIAIRES
SUR L'ALGÉRIE

XXVIII

DE LA
CONTRAINTE PAR CORPS

OU DE

L'EMPRISONNEMENT CIVIL EN ALGÉRIE

PAR

C. FRÉGIER

Président du Tribunal civil de première instance de Sétif, membre de l'Académie
de Législation de Toulouse

.... Non ante revellar
.... Quàm te complectar....
.. Libertas!......

LUCAN.

La loi de la propriété de notre personne,
ou ce qui revient au même, la loi de la
liberté, est une loi divine. Y attenter, c'est
attenter à notre vie.

MIRABEAU.

(*Des Lettres de cachet.*)

CONSTANTINE

TYPOGRAPHIE ET LITHOGRAPHIE ALESSI ET ARNOLET

—

1863

Que la Jurisprudence, en général, et spécialement la
Jurisprudence française, soit, en quelque sorte, forcé-
ment progressive, c'est ce qui ne saurait être nié par
personne.

Or, cela est vrai, surtout, de la Jurisprudence algérienne.

Et ce que j'en dis s'applique de tous points à la Jurisprudence coloniale.

Dans les colonies, en effet, et même dans celles qui,
telles que l'Algérie, ont le précieux privilége de pouvoir
être considérées comme partie intégrante de la Métropole, règnent, à la différence de ce qui a lieu dans
celle-ci, des arrêtés, des ordonnances, des décrets, rare-
ment des *lois* proprement dites.

Or, les lois, les lois que depuis plus de trois quarts
de siècle on fait et on promulgue en France, sont, pour
la plupart, le fruit de longues et savantes élaborations,
et, à la façon dont elles sont préparées, proposées,
discutées, il est facile de se convaincre qu'elles sont, d'une
part, le reflet des tendances, des aspirations, de l'esprit,
et de l'autre, l'expression fidèle des mœurs et des besoins du peuple à qui elles étaient destinées.

A plus forte raison en est-il ainsi de cet ensemble, de

ces *corps* de lois scientifiquement réunies, laborieusement coordonnées ensemble, auquel, à l'exemple de Justinien, les législateurs modernes, ont décerné le titre de Codes.

Études approfondies des origines du droit, liaison logique des idées, systématisation des diverses dispositions de la loi sur un sujet donné, harmonie du tout avec les parties et des parties avec le tout, épreuves réitérées de discussions et de délibérations solennelles, rien ne manque à ces codes, pour être aussi clairs, aussi précis, aussi complets que le comportait l'époque qui les vit naître.

Mais autre est le sort des législations coloniales. Presque tous les documents qui les composent sont marqués au coin de l'incertitude, de l'hésitation, de la précipitation et du provisoire.

Aussi, livrées dès leur promulgation, aux interprétations d'une jurisprudence mal assise, ses textes seront-ils tout d'abord appliqués, d'après des principes plus ou moins certains et plus ou moins en rapport avec la véritable pensée de la loi.

Et voyez ce qui adviendra! Sous peine de se résigner, nouvelle Pénélope, à faire et refaire sans cesse sa toile législative, le Pouvoir confiera trop souvent aux hasards de l'interprétation judiciaire le soin de suppléer aux imperfections et de combler les lacunes de la législation.

D'où la conséquence que, dans les colonies, la Jurisprudence sera appelée, à l'instar du Préteur romain, à remplir, dans la plupart des circonstances, un rôle beaucoup plus important et bien autrement progressif que dans la Métropole.

Les preuves de ceci surabondent pour l'Algérie. Je

n'en veux citer qu'une seule entre mille, et je la tire du sujet même de cette *Étude*.

S'il m'était permis de reproduire ici, non pas tous, mais les principaux documents de la Jurisprudence algérienne sur la *contrainte par corps*, je démontrerais, sans réplique, les efforts tentés, à des époques différentes, pour *adoucir* et *humaniser* le draconisme de la loi algérienne sur cette matière.

Mais à quoi bon essayer l'histoire des variations de l'article 60 de l'ordonnance de 1834?

A l'appui de ma thèse, il me suffira d'invoquer le notable revirement de jurisprudence inauguré par le tribunal d'Alger, consacré par la Cour, et, depuis, généralement servi par tous les tribunaux de l'Algérie.

Aujourd'hui, c'est là un fait accompli, la *femme algérienne* (qui, indigène ou non, habite l'Algérie) n'a à redouter la contrainte par corps que dans les mêmes cas et pour les mêmes causes que la *femme française*.

Mais ce qui ne me paraît pas moins certain, c'est que l'*homme algérien*, sauf dans deux hypothèses formellement prévues par la loi, et en tant qu'il est convaincu de mauvaise foi ou de fraude, n'y est sujet que là où le français le serait lui-même.

J'ai la ferme conviction et l'inébranlable espoir que de ces deux progrès, le second, sous plus d'un rapport, tout aussi important que le premier, ne tardera pas, lui aussi, de s'accomplir.

L'un avait besoin d'être mis en lumière, l'autre d'être démontré.

Tous deux, d'être vulgarisés et universalisés.

C'est la triple tâche que je me suis imposée.

VIII

Je suis loin de croire l'avoir convenablement accomplie.

Mais n'eussé-je eu que le courage de l'entreprendre, sans avoir le bonheur de la mener à bonne fin, je n'en serais pas moins convaincu de n'avoir, en aucune manière, perdu ni mon temps ni ma peine.

N'est-ce donc rien que de plaider la cause de la liberté civile en l'Algérie ?

Sétif, 20 juillet 1863.

DE LA
CONTRAINTE PAR CORPS
ou de
L'EMPRISONNEMENT CIVIL
EN ALGÉRIE.

> . . . . Non antè revellar
> . . . . Quàm te complectar. . . .
> . . Libertas! . . . . . .
> **LUCAN.**
>
> La loi de la propriété de notre personne,
> ou ce qui revient au même, la loi de la
> *liberté*, est une loi divine. Y attenter, c'est
> attenter à notre vie.
> **MIRABEAU.**
> (*Des Lettres de cachet.*)

Mirabeau appelait *lèpre* les *Lettres de cachet*. Ne soyez donc pas surpris que je classe l'abus de l'emprisonnement pour dettes ou de la *contrainte par corps* en matière civile, parmi les *plaies* de l'Algérie.

Définissons d'abord le mot! je définirai ensuite la chose.

Contrainte par corps! L'idée qui s'attache tout naturellement à cette expression peut indistinctivement s'appliquer à l'emprisonnement en toute matière, — civile, commerciale, administrative, pénale.

Mais je ne veux parler que de la contrainte en matière civile.

Qu'est-ce donc que cette contrainte?

Rien de plus facile à comprendre.

Vous avez un créancier; vous ne le payez pas. Il a plusieurs moyens de vous forcer, de vous *contraindre* à le payer. Il peut défendre à une tierce personne nantie de sommes ou effets mobiliers vous appartenant, de s'en dessaisir dans vos mains au préjudice de ce qui lui est dû par vous : — *saisie-arrêt ou opposition*. — Il peut, dans certains cas et sous certaines conditions, mettre la main de la Justice sur vos facultés mobilières, et les faire vendre aux enchères publiques, pour être payé sur le prix de leur vente : — *saisie-exécution*. — Il peut aussi en faire autant pour vos immeubles : — *saisie-immobilière*.

Est-ce assez de saisies? Non !

Et laquelle peut-il opérer encore?

Laquelle? Eh ! mon Dieu ! un frémissement instinctif de tous vos membres ne vous l'a-t-il pas dit? La saisie de votre corps, la saisie de votre personne, la saisie de votre liberté individuelle !

Voilà ce qu'est la *contrainte par corps* ou emprisonnement.

Réduite au cercle restreint des dettes civiles, est-elle légitime en soi, ou, en d'autres termes, la raison et la religion s'accordent-elles avec la loi pour en autoriser l'exercice?

Grave et délicat problème de philosophie morale, que je ne dois pas discuter ici, mon intention n'étant que d'examiner cette autre question, toute de *droit*, moins complexe et moins difficile, mais plus utile et plus pratique :

La contrainte par corps en Algérie, peut-elle, aux termes de l'art. 72 de l'ordonnance du 26 septembre 1842, être *facultativement* appliquée, en matière civile, à toutes personnes et dans toutes les causes?

Cette première question en amène une seconde, toute de *législation* : La contrainte par corps en Algérie doit-elle être, aujourd'hui encore, ce qu'elle était en 1834, aux termes de l'art. 60 de l'ordonnance du 10 août de cette année?

Proclamons-le bien vite et bien haut avec les jurisconsultes romains, avec les philosophes de tous les temps et de tous les lieux, avec la conscience de tous les siècles et de tous les peuples, — en dehors d'un texte formel, impérieux comme la parole de la loi, clair comme l'évidence, évident comme un axiome, brutal comme un fait, — s'il y a doute tant sur ce qui est que sur ce qui doit être en matière de contrainte par corps, — il n'est de légitime, de juridique, de juste interprétation de la loi, que celle qui est favorable à la liberté.

Mais ce principe, qui est la clé de ce travail, pourquoi ne serait-il pas reconnu et pratiqué en Algérie, comme il est reconnu et pratiqué en France?

Ce que la liberté individuelle est en France, il faut qu'elle le soit en Algérie!

Est-ce qu'en Algérie la contrainte par corps n'est pas, tout comme en France, l'expropriation de la liberté du débiteur au profit du créancier, la confiscation temporaire de sa liberté personnelle pour cause d'utilité privée?

Est-ce que de ce côté-ci de la Méditerranée, tout comme de l'autre côté, et plus encore, si c'est possible, la contrainte par corps, exercée dans les cas autres que ceux prévus par la loi française, n'est pas, en général, tout aussi anti-algérienne qu'anti-française?

Que dis-je? Est-ce qu'il est difficile de démontrer qu'ici, en Algérie, la contrainte par corps prononcée comme elle peut l'être, — *arbitrairement*, — j'entends par là facultativement, — peut devenir, et, jusqu'à présent, a été trop souvent une mesure d'exécution tout à la fois contraire à la raison, au christianisme, à la civilisation et à la colonisation?

Je le dis donc avec conviction, — étant donnée l'application, telle qu'on la fait chaque jour en Algérie, de la contrainte par corps, — révéler l'abus de cette application, c'est écrire pour la liberté et contre la servitude, j'ajouterais volontiers, pour la civilisation contre la barbarie.

Fut-il jamais un plus intéressant sujet?

Jetons, avant tout, un coup-d'œil général et préliminaire sur la contrainte par corps en Algérie depuis 1834 jusqu'en 1863. Nous pourrons ensuite avec plus de certitude et de succès, poser les règles qui la gouvernent, et descendre dans les détails de leur application.

Ou je m'abuse extrêmement, ou il n'en faudra pas davantage pour préparer les esprits les plus pessimistes et les plus rétrogrades, à pressentir que, nécessitée dans l'origine par la situation anormale de la colonie, la contrainte par corps n'a plus aujourd'hui la même raison d'être ce qu'elle a été, et ce qu'elle est encore; — qu'elle est trop souvent mal comprise et mal appliquée, — et qu'ainsi il est nécessaire non-seulement de l'assimiler, mais encore de l'identifier à la contrainte par corps en vigueur dans la métropole.

I

L'art. 72 de l'ordonnance des 26 septembre et 22 octobre 1842 s'exprime en ces termes :

« Tout jugement portant condamnation au paiement d'une somme d'argent, ou à la délivrance de valeurs ou objets mobiliers, *pourra*, lors de sa prononciation, être déclaré exécutoire par la voie de la contrainte par corps. »

Quel est le but de cette disposition? Évidemment d'amener un débiteur à l'accomplissement de ses engagements par la plus extraordinaire, la plus rigoureuse et la plus coërcitive des voies d'exécution légale, — par l'incarcération de sa personne.

Or, l'ordonnance qui, pour la première fois, a conféré aux tribunaux algériens la faculté de prononcer la contrainte par corps, pour assurer l'exécution de condamnations purement civiles, date de plus de trente ans.

L'art. 60 de l'ordonnance du 10 août 1834 a été, en effet,

littéralement reproduit, dans sa partie essentielle, par l'art. 72 de celle de 1841 et 1842

On comprend qu'en 1834, le législateur algérien, s'inspirant de circonstances exceptionnelles, ait songé à garantir, le cas échéant, par une voie exceptionnelle, le loyal accomplissement des transactions entre particuliers.

C'était une nécessité, et la sagesse du législateur français devait s'incliner devant elle, comme le peuple romain devant ce sénatus-consulte de *nécessité* (¹) qui créait la Dictature.

Là où, pour ainsi dire, rien n'était stable, fixe et permanent, où la mauvaise foi était la règle et la bonne foi l'exception, où tout, intérêts, entreprises, opérations et transactions de toutes sortes, était incertain et flottant comme la population elle-même, — il était d'une bonne administration de sanctionner les conventions privées par une mesure de coercition, qui, pour être purement *civile*, n'en entraînerait pas moins les conséquences d'une véritable condamnation *pénale*.

Aussi l'ordonnance qui l'établit fut-elle universellement considérée comme insigne bienfait pour la colonie. — Ce qu'il fallait, au regard des obligations et engagements civils, c'était un lien puissant, énergique, efficace, et ce lien ne pouvait être que la *contrainte* par corps!

Mais, nous sommes heureux de le proclamer, depuis 1834, depuis surtout 1842, les temps sont bien changés! — Entre l'Algérie d'il y a trente ans et celle de 1863, il est des différences si essentielles et si profondes sous tous les rapports, que nous ne pensons pas qu'il se trouve, ici ou en France, un seul homme assez ignorant des choses de l'Algérie pour ne pas reconnaître que, depuis plusieurs années, tout a marché d'un pas lent, mais assuré, vers l'assimilation la plus complète, administrative, judiciaire, commerciale, agricole,—de l'Algérie avec la France! A la fièvre des spéculations déloyales, insen-

---

(1) Senatûs-consultum necessitatis.

sées, a succédé le calme des affaires sérieuses et réfléchies. De hardis colons se sont fixés sur un sol arrosé de leurs sueurs et du sang de nos soldats. — Perdant son caractère jusqu'à un certain point *mobilier, la propriété immobilière,* dans toute la colonie, et surtout dans les grandes villes, les localités importantes et leurs environs, est devenue, à peu de chose près, ce qu'elle est dans la métropole, — l'objet de ventes et d'acquisitions fermes, solides, généralement conçues et réalisées en dehors de toute spéculation purement commerciale ou aléatoire. — Les mœurs publiques et privées s'y sont incontestablement épurées, améliorées, perfectionnées, et plus d'un métropolitain, en débarquant sur nos côtes, a retrouvé la fidèle et vivante image de la mère-patrie.

Qui ne le sait? A l'heure qu'il est, on vient dans l'Afrique française, non-seulement de France, mais encore de tous les points de l'Europe, non plus pour y passer, mais pour y rester, non plus seulement avec la curiosité du voyageur ou du touriste, mais avec le désir ou la résolution de s'y établir, de s'attacher à son sol fécond, de concourir à sa prospérité, ceux-ci par ces établissements agricoles, commerciaux, financiers ou même industriels, ceux-là par l'emploi de leurs capitaux en placements hypothécaires, en acquisitions d'immeubles ou de toute autre manière, — et les derniers vingt ans de notre occupation accusent, aux yeux de tout esprit éclairé, impartial et juste, une ère de transformation, d'amélioration, de progrès, d'assimilation et d'identification avec la France.

Eh bien! si cela est (et bien aveugle, bien passionné ou bien injuste celui qui oserait le contester!) ne peut-on pas, sans témérité, se demander s'il convient, à l'heure qu'il est, de laisser debout sur les ruines de tant d'autres dispositions de la loi algérienne, la disposition relative à la contrainte par corps? Supposons un instant qu'elle ne fût pas déjà écrite dans notre législation, songerait-on sérieusement à l'y écrire de nos jours?

Où règne, sinon toujours. du moins dans la plupart des cas,

la loyauté, la sincérité, la bonne foi qui doivent présider à toutes les transactions, est-il prudent, que dis-je ? n'est-il pas dangereux de maintenir, pour en assurer l'exécution, un texte de loi, souvenir d'un autre temps, j'allais dire d'un autre âge, débris suranné de la loi des XII tables, fragment de législation romaine et païenne placée comme un anachronisme et un contre-sens au milieu d'une législation chrétienne et française, — sorte de nouvelle loi de *suspects*, . .dée sur une présomption, ou plus exactement une crainte plus ou moins justifiée, plus ou moins désintéressée, de mauvaise foi et de fraude ?

Voyez plutôt ce qu'en pensent quelques-uns des hommes chargés de l'interpréter ! Pénétrés de tout ce que, littéralement et *routinièrement* entendu, il semble contenir et contient de rigoureux, de dangereux et d'anormal, et convaincus qu'ils ne doivent user de la redoutable faculté qu'il leur confère, qu'en cas d'absolue nécessité, — la cour d'Alger, le tribunal d'Alger (que ne puis-je ajouter tous les tribunaux algériens), sans exception, depuis le tribunal de paix jusqu'à la Cour, en font journellement l'application la plus réservée et la plus cir_conspecte, n'en usant presque toujours qu'avec regret, et dans des circonstances tellement exceptionnelles, que ne pas l'appliquer, ce serait favoriser le dol et la fraude, et rendre illusoire la condamnation par eux prononcée.

Nous le disons donc hautement : aujourd'hui, grâce au progrès matériel et moral de l'Algérie, grâce surtout à la saine appréciation des hommes et des choses de la Colonie, par ses habitants les plus notables et les plus capables de les juger, par les premiers magistrats de l'ordre judiciaire, — le jour nous semble venu d'effacer de notre Code algérien un texte dont l'application, quoique simplement facultative à certains égards, ne laisse pas que de faire planer sur notre colonie un soupçon des plus défavorables et des moins mérités, lequel ne peut que troubler et agiter ceux qui l'habitent, détourner et éloigner de ses rivages ceux qui ne l'habitent pas encore.

Déjà, dans deux circonstances solennelles, les deux plus hautes juridictions de l'Algérie, rompant avec une jurisprudence générale, universelle, devenue de style à force d'être fréquente et appliquée sans contradiction, ont hardiment et sagement interprété, dans un sens restrictif et libéral, l'unique texte de la législation algérienne, en matière de contrainte par corps. — Il en est résulté, si j'ose ainsi parler, et comme je le démontrerai bientôt, l'*émancipation civile* de la *femme* algérienne.

Mais là ne doit pas se borner notre tâche. Nous prétendons que la saine application de ce texte conduit, en outre, à l'émancipation partielle de l'*homme* de l'Algérie, et que le jour approche où, non seulement entre l'homme et la femme algériens et l'homme et la femme de France, il n'y aura plus de différence sous le rapport de la Contrainte par corps, mais encore où, au rebours de ce qui existe à cette heure, une différence existera peut-être entre l'Algérie et la France; mais au profit de l'Algérie.

Mais ce n'est pas assez, pour parler le langage de Montesquieu, d'avoir vu de loin et les feuillages et la tige de la contrainte par corps en Algérie, il nous faut encore en apercevoir les racines, et percer la terre pour les trouver.

Ici, l'histoire nous servira tout à la fois de flambeau et de pioche : nous allons assister à la naissance, j'allais dire, à la conception de la loi.

II

Le 11 novembre 1833, la première Commission d'Afrique, par l'organe de M. Laurence, membre de la Chambre des Députés, résumant les idées déjà accueillies par le ministère de la guerre et par la Commission, en matière de législation algérienne, faisait, à Alger, la proposition suivante, à l'égard de l'emprisonnement pour dettes :

« Tout jugement en *dernier ressort* portant condamnation au paiement d'une somme d'argent autre que les simples dépens, à la délivrance de valeurs ou objets mobiliers quelconques, ou emportant obligation de faire, à peine d'indemnités ou dommages-intérêts déterminés, *sera* exécutoire, par la voie de la contrainte par corps. Si le jugement est sujet à l'appel, la contrainte par corps pourra être exercée moyennant caution, alors même qu'elle n'aurait pas été autorisée. »

Cette proposition, qui n'émanait, paraît-il, que de la Commission, fut approuvée par elle. Mais, il est à remarquer qu'elle n'était pas spécialement motivée par son auteur. Il ressort seulement du procès-verbal de la séance où elle fut émise, qu'elle était du nombre de ces modifications nombreuses et graves, apportées par la Commission à l'état actuel de la législation de l'Algérie, et qui avaient pour objet de lancer cette législation dans une voie nouvelle, de réparer d'importantes lacunes et de former la base d'une nouvelle organisation de la justice.

Plus tard, le 23 mars 1834, dans le sein de la Commission d'Afrique, établie à Paris en remplacement de la première, pour discuter les renseignements recueillis sur place par celle-ci, le Rapporteur du projet d'organisation judiciaire, qui n'était autre que M. Laurence, exposait, en ces termes, les motifs de ce projet en ce qui concerne la contrainte par corps :

« Il n'y aura de mouvement et d'activité dans les transactions que lorsque l'on aura des garanties qui n'existent pas aujourd'hui. La confiance naît de la sécurité, et là où la solvabilité ne repose pas sur des antécédents connus ou des gages réels, les lois coercitives en matière d'obligation doivent être plus rigoureuses. La contrainte par corps existe chez nous en matière commerciale, même en matière civile dans certains cas déterminés ; elle est de droit contre les étrangers. Il y aurait beaucoup à dire contre son application en France ; mais il est utile et bon de la proclamer en Afrique.

Les indigènes y sont accoutumés : c'est un des moyens d'exécution des jugements des Cadis. Les étrangers n'auront pas à s'en plaindre ; ceux-ci d'ailleurs, ainsi que le plus grand nombre des Français émigrants, n'ont pas jusqu'ici composé une population très-morale ; il faut des moyens efficaces pour la contraindre à remplir ses engagements.

« Je pense donc qu'il est nécessaire d'admettre dans tous les cas la contrainte par corps, même en matière civile. »

A la suite de cet exposé, s'ouvrit une discussion trop importante, au point de vue du texte aussi bien que de l'esprit de notre disposition légale, pour ne pas mériter d'être rapportée en entier.

On y verra, entr'autres choses, pourquoi d'*obligatoire* qu'elle était dans le projet de l'ordonnance de 1834, la contrainte par corps devint *facultative* dans cette ordonnance elle-même.

III

Je puise mes renseignements dans la plus haute authentique des sources, dans la collection de documens, *procès-verbaux* et *rapports* des deux Commissions d'Afrique, publiés par les soins du ministre de la guerre ; mine inépuisable et précieuse qui est, jusqu'à certain point, pour la législation algérienne, ce qu'est pour la législation française la compilation de Locré.

Voici donc ce que j'y trouve sur la Contrainte par corps, je copie littéralement :

« M. LE PRÉSIDENT demande si cette extension de la contrainte par corps à tous les cas et à toutes les matières, est indispensable. Il est porté à la croire exorbitante. Plusieurs des pays où elle existe sentent le besoin de la restreindre aux cas commerciaux, comme en France. Il reconnaît que la contrainte par corps existe en France comme en Angleterre ; mais il fait observer que l'on sent la nécessité de modifier cette mesure cruelle; il craint que les populations ne soient frappées des mesures rigoureuses qui leur seront appliquées.»

« M. LE RAPPORTEUR. L'Afrique ne ressemble pas à l'Europe; ce que chez nous les mœurs semblent repousser sera longtemps une nécessité dans l'ancienne Régence.»

Et ici, M. Laurence reproduit, sans y rien ajouter ni en rien retrancher, la proposition qu'on vient de lire plus haut.

C'était, qu'on ne l'oublie pas, en 1834. Une proposition comme celle-là, -- tout à la fois contraire au Code civil et à une loi récemment promulguée (le 17 avril 1832), -- pour restreindre le cercle de la contrainte par corps et en adoucir les rigueurs, avaient de quoi étonner ceux des membres de la Commission qui ne s'étaient pas déjà rendus sur les lieux, et qui n'avaient pu ni constater, ni apprécier de *visu* l'état moral de la Colonie.

Aussi, écoutez ce que répondit M. le duc Decazes, président de la Commission de Paris :

« M. LE PRÉSIDENT : Ainsi la contrainte par corps sera exercée contre le locataire qui ne pourra payer son loyer? Ne craignez-vous pas que vos prisons ne soient encombrées ? C'est une grave innovation. La prison est une peine; l'appliquer à des cas qui ne sont pas criminels et dans l'intérêt privé, c'est changer la nature des choses; la loi française n'a fait d'exception à ce principe que dans l'intérêt et pour la sécurité du commerce. »

UN MEMBRE (qui, sans doute, avait fait partie de la Commission d'Alger) :

« S'il n'y a pas de moyens coërcitifs, vous entraverez toutes les opérations honnêtes; il n'y aura point de transactions possibles. »

M. Laurence revient de plus fort à la charge :

« M. LE RAPPORTEUR dit que son opinion est invariable sur ce point. On a si mal fait à Alger jusqu'à présent, qu'il tient beaucoup à ce que le nouveau pouvoir y arrive les mains pleines de bonnes choses. Eh bien ! la contrainte par corps, soyez en sûrs, est une de ces bonnes choses, une mesure politique qui ramènera la loyauté dans les affaires, ce qui est urgent. On saura, en traitant une affaire, à quoi l'on s'expose, et l'on y regardera à deux fois avant de contracter des engagements qu'on saura ne pouvoir remplir. »

« Un membre : Il faut que la contrainte soit facultative, et que la faculté soit donnée aux tribunaux de la prononcer, dans les cas où il n'y aurait pas caution. »

Or, qu'est-ce à dire ? Que la contrainte par corps sera facultative ? Oui ! Pourra être suspendue ? Oui ! Pourra être prononcée dans tous les cas ? Non ! Eh ! que faudra-t-il donc pour qu'elle puisse l'être ? qu'il s'agisse des cas prévus par la *résolution* proposée, en d'autres termes, d'un jugement en dernier ressort, d'une condamnation au paiement d'une somme d'argent, ou à la délivrance de valeurs ou objets mobiliers quelconques, ou à l'accomplissement d'une obligation de faire, à peine d'indemnités ou de dommages-intérêts déterminés ? Mais est-il question d'autre chose ? Est-il question d'une action réelle, d'un jugement en premier ressort, d'une condamnation à l'abandon ou à la délivrance d'un immeuble, de dommages-intérêts dûs a un autre titre qu'à celui d'indemnité, pour exécution d'une obligation de faire ? La contrainte par corps, telle qu'elle est proposée pour la Colonie, n'aura rien de commun avec elle.

Que veut-on ? Déroger au droit commun. — Mais, si toute dérogation est de droit strict, à plus forte raison, toute dérogation en matière de liberté individuelle. En cette matière, tout comme en matière pénale, tout est de rigueur, et dans le doute, l'interprétation la plus favorable à la liberté doit l'emporter sur toute autre interprétation.

Autre observation, qu'il est bon de noter dès-à-présent : D'après l'auteur de la proposition, la contrainte par corps n'est qu'une épreuve de solvabilité tentée contre le débiteur.

Si ce débiteur est insolvable, si son insolvabilité, son impuissance finale à payer, est sincère et accompagnée de bonne foi, il n'y aura plus de justice pour le créancier à exercer contre lui la contrainte par corps. Mais il en sera autrement si, de la part du débiteur, il y a mauvaise volonté ou seulement négligence. D'où la conséquence virtuelle et logiquement forcée que, de l'aveu même du Rapporteur de la Commission, si le juge, au moment même du jugement, a la conviction, que le créancier n'acquerra après le jugement, que le débiteur est réellement insolvable, qu'il est de bonne foi, et qu'aucune négligence ne lui est imputable, il n'y aurait pas plus de justice pour lui, magistrat, à prononcer la contrainte par corps, qu'il n'y en aurait pour le créancier à l'exécuter.

D'où la conséquence encore, que le juge ne devra user de la faculté qui lui est accordée, de prononcer cette contrainte, qu'autant qu'il lui sera démontré que le débiteur résiste sans motif légitime, par malice ou par fraude, à la demande formée contre lui, et à laquelle il ne tient qu'à lui de satisfaire.

Quoi qu'il en soit, il faut bien en convenir, la *résolution* de M. Laurence, à ne la considérer qu'au point de vue de sa rédaction, laissait beaucoup à désirer, et j'incline à penser que, sans en excepter son président lui-même, la Commission toute entière n'en comprenait ni toute la gravité, ni toute la portée.

Mais continuons l'histoire de notre article.

Ici encore, prêtons l'oreille aux paroles on ne peut plus significatives de la Commission d'Alger et de la Commission de Paris, successivement appelées à constater et à recueillir à Alger, à exposer et à discuter à Paris, tous faits, tous documents et tous renseignements propres à éclairer les hommes aux mains de qui étaient confiées les destinées de l'ancienne Régence. Je veux parler de M. Laurence, de ce député qui, ne fut-ce qu'à raison de ses travaux sur l'Administration judiciaire de l'Algérie, méritait bien d'en tenir les rênes en qualité de Procureur-général, immédiatement après la promulgation de cette Ordonnance de 1834, à laquelle plus que personne, il avait contribué à fournir des bases rationnelles et locales, et qu'à bien des égards on pourrait justement nommer son œuvre.

Savez-vous ce qu'il dit de la contrainte par corps dans son rapport sur le projet de cette ordonnance ?

Je transcris textuellement ses paroles :

« Sans rien préjuger sur les divers modes possibles d'exécution forcée des jugements, la Commission a admis en général la contrainte par corps en matière civile, sauf pour les *actions purement réelles*. Elle ne s'est point dissimulé ce que cette voie avait de rigoureux, bien que, admise dans plusieurs pays de l'Europe, elle atteigne chez nous les commerçants et les étrangers, et soit écrite pour quelques cas spéciaux dans notre droit civil. Mais dans un pays où la propriété du sol est incertaine, où les habitants européens venus de France et des contrées voisines sont inconnus les uns aux autres et n'offrent point la garantie des bonnes renommées; où la population flottante et mobile est travaillée du désir immodéré des subites fortunes et se lance inconsidérément dans des spéculations aventureuses, où enfin la bonne foi ne peut pas toujours être présumée, la contrainte par corps sera un utile frein, elle repoussera l'intrigue et l'improbité, rendra la sécurité aux affaires, conservera aux relations commerciales leur caractère loyal; elle sera une garantie de moralité pour la Colonie; les honnêtes gens ne la craindront pas, les hommes suspects la fuiront, et ce ne sera point un malheur. »

Comme on le voit, quatre raisons principales inspirèrent la résolution qu'on a lue plus haut : l'incertitude de la propriété du sol, le mélange de populations hétérogènes, l'audace des spéculations hasardées, l'absence générale de bonne foi. Impossible de s'y méprendre! C'est là l'exposé authentique, incontestable et incontesté, des motifs de l'art. 60 de l'ordonnance de 1834, devenu plus tard, ainsi que je l'ai déjà dit, l'article 72 de celle de 1842.

Ne suit-il pas de là que la contrainte par corps n'a été introduite à l'état de règle, dans la législation algérienne, tandis qu'elle ne l'est qu'à l'état d'exception dans la législation métropolitaine, que sous l'influence, disons-mieux, que comme résultat inévitable de la situation morale de l'Algérie en 1834?

La situation morale! Voilà la cause certaine, le principe certain d'une disposition légale qui, nécessaire alors, fut et dut être favorablement accueillie. Or, nul n'oserait en douter, si, de nos jours, cette situation n'est pas la même; si, l'histoire en main, il est facile de prouver qu'après trente ans de progrès militaires et civils, agricoles, commerciaux et industriels, l'Algérie de 1863 diffère profondément, à tous les points de vue, des Possessions françaises du nord de l'Afrique en 1834, — il faudra bien, bon gré mal gré, en conclure que, vestige illogique d'un passé qui n'est plus, disposition *archaïque* et draconienne d'une législation qui a perdu sa raison d'être, la contrainte par corps, telle qu'elle est édictée par une ordonnance née d'un état de choses, grâce à Dieu, transformé par l'action combinée du temps, des lois et des mœurs, doit disparaître de la législation algérienne, pour y être remplacée par une disposition nouvelle, plus humaine et partant plus française et plus en harmonie avec le progrès de la législation actuelle.

On a déjà pu en juger par les citations qui précèdent. Mais il importe de le retracer, d'après un document historique où la moralité *des colons*, c'est-à-dire des habitants européens de nos Possessions d'Afrique, est décrite avec une exactitude si remarquable, qu'on dirait que M. Laurence en a résumé les traits les plus saillants dans son rapport.

Ce document, c'est la première partie du travail de M. de la Pinsonnière, membre des deux Commissions algériennes sur la colonisation de l'ancienne Régence d'Alger. J'en extrais les passages suivants. — C'est de l'histoire, de l'histoire écrite, si je puis ainsi parler, sur le vif, et qui n'a été jusqu'à présent ni ne pouvait être démentie par personne :

« Sous le rapport de la moralité, le tableau de la Régence est fâcheux.

« Un des événements les plus graves qui aient pu frapper la colonie à son origine a été, sans contredit, l'arrivée subite au milieu de gens honorables, de spéculateurs aventureux et sans ressources réelles, qui, se jetant sur notre conquête comme sur une proie facile à exploiter, ont envahi toutes les sources de richesses, neutralisé tous les efforts honnêtes, exigé de lois naissantes, et souvent à créer un appui honteux de honteuses transactions.

« Ce fut alors que commencèrent ces spéculations dont quelques-unes ne peuvent être trop flétries ; ce fut alors que, sans moyens d'acquérir, on voulut devenir propriétaire.

« Tout parut convenable pour atteindre ce but ; il fallait posséder, on posséda. La maladie gagna toutes les classes.....

« Les consciences pures se laissèrent égarer.

« Alger devint le théâtre des manœuvres frauduleuses de tous genres qui achevèrent de déconsidérer le caractère français aux yeux des naturels. Nous apportions à ces peuples barbares les *bienfaits de la civilisation*, disait-on, et de nos mains s'échappaient toutes les turpitudes d'un ordre social usé.

« Tout fut paralysé dans la colonie, l'intrigue s'empara de toutes les avenues, l'administration chancela sous un poids énorme, elle succomba presque et ne se releva qu'à peine. »

Après cela, je ne m'étonne pas qu'un des plus consciencieux historiens de la colonisation de l'Algérie, ait flétri les premiers colons du nom d'aventuriers de bas étage, et que les comparant aux gens de bonne maison qui, dès 1835, vinrent se fixer à Alger, il les traite de « vautours impitoyables, se précipitant à l'envie sur les premières volées de colombes qui arrivaient de France avec un rameau d'olivier. »

Maintenant, ferai-je aux colons de nos jours, aux chrétiens, européens ou *africains* de la France algérienne, l'injure de les mettre en parallèle avec des hommes qui, pour la plupart, me rappellent les fondateurs de Rome? A Dieu ne plaise! Eh! faut-il le répéter, qui donc ignore tout ce que la force des choses, le mouvement progressif, le concours de la religion, de la législation et des mœurs, le développement du travail et de la richesse, l'ascendant invincible, alors même qu'il est plus ou moins latent, d'une civilisation supérieure qui mène à leur insu les individus et les peuples, — qui ignore, dis-je, tout ce que les diverses sources d'amélioration générale ont apporté de changements dans l'état moral de l'Algérie? Ne craignons pas de l'affirmer, la moralité de l'Algérie, loin de présenter aujourd'hui ce tableau « fâcheux » dont j'ai reproduit quelques traits, tend chaque jour davantage à devenir l'égale de la France, et, à la rigueur, je n'en voudrais d'autre preuve que l'assimilation de jour en jour plus sensible et plus complète de la législation de l'une à la législation de l'autre.

Et, qu'on le remarque! ce n'est pas d'hier seulement que date cette assimilation. Il nous serait aisé de la faire remonter à plus de quinze ans en arrière. Sur ce point, comme sur tant d'autres, l'histoire de notre Colonie s'est chargée de nous enseigner que dès 1846 le niveau moral de l'Algérie avait atteint une hauteur qui n'eût certes pas permis au rapporteur de l'ordonnance de 1834, de tenir le langage que tout lui commandait douze ans auparavant. A cette époque, l'Algérie n'était plus, tant s'en faut, un camp immense, ouvert de tous côtés à de frauduleuses manœuvres, à des cupidités honteuses, à d'aventureuses entreprises, à des spéculations effrénées.

Après de trop déplorables écarts, tout ou presque tout était rentré dans la voie normale, et le petit nombre de ceux qui vivaient encore en dehors de la règle, y étaient désignés comme de regrettables *demeurants* d'une époque néfaste. Déjà, dès 1846, on pouvait dire que la propriété du sol n'était plus incertaine, que les populations européennes de l'Algérie avait cessé d'être flottantes, qu'on ne se lançait plus inconsidérément dans les mille hasards d'affaires chimériques, ou tout au moins douteuses, et enfin, signe caractéristique de deux époques profondément distinctes! que la *bonne foi* pouvait bien être, devait même être *présumée.*

Or, si on y réfléchit, c'est dire, en d'autres termes, que dès 1846, rien ne s'opposait à ce que l'on soumit la contrainte par corps pour dettes civiles en Algérie aux mêmes règles en général que la même contrainte en France... tout comme en France.

Mais c'est assez raconter les motifs généraux de notre article 72. Hâtons-nous d'en expliquer le texte et d'en interpréter l'esprit, et pour cela, commençons par mettre en face, l'une de l'autre, la *résolution proposée* par la Commission de Paris.

Il y a là une importante différence à signaler.

IV

D'après la première, tout jugement *est* de plein droit exécutoire par la voie de la contrainte par corps; la contrainte par corps est *impérative*; c'est la *loi* elle-même qui la prononce.

D'après la seconde, tout jugement *peut*, suivant les circonstances, être exécuté par la voie de la contrainte par corps; la contrainte par corps est *facultative*; c'est le *juge* qui la prononce.

D'après la première, l'exécution de la contrainte par corps doit avoir lieu *de plano*, en même temps que l'exécution du jugement qui la prononce lui-même.

D'après la seconde, elle peut être suspendue pendant un

délai qui n'excèdera pas deux mois, à partir de la prononciation ou de la signification de ce jugement.

Mais, ne le perdons pas de vue, d'après l'une et l'autre, la
contrainte par corps n'a lieu, en principe, qu'en vertu d'un
jugement *rendu en dernier ressort.*

Que si le jugement est sujet à l'appel, d'après la résolution
de la Commission d'Alger, elle pourra être exercée, il est vrai,
mais moyennant caution, et alors même qu'elle n'aurait pas
été autorisée ; d'où, soit dit en passant, il semble résulter que,
dans cette hypothèse, la contrainte par corps devait être *facultative.*

Il en sera ainsi, aux termes de la disposition adoptée par
la Commission de Paris, sous la même condition de prestation
préalable de caution, et cela, paraît-il, dans tous les cas, —
que le jugement soit ou non sujet à l'appel.

Maintenant, et pour en finir le plus tôt possible avec l'examen comparé des textes, confrontons avec cette résolution et
cette disposition préparatoire dont je viens de parler, le texte
de l'article 60 de l'ordonnance de 1834 et de l'article 72 de
l'ordonnance de 1842. Je dirai ensuite un mot des textes, cor-
respondants ou analogues, de la législation métropolitaine.

Ces assises posées, le reste de ce travail ne présentera plus
aux yeux du lecteur intelligent et attentif, qu'une série de
déductions rationnelles, et un enchaînement d'arguments ju-
ridiques, non moins faciles à saisir que décisifs en faveur de
ma thèse d'assimilation législative de l'Algérie à la France,
au regard de la contrainte par corps.

L'article 60 précité ne distingue pas entre les jugements en
dernier, et les jugements en premier ressort.

Au principe que la contrainte par corps peut être prononcée
par tout jugement condamnant au paiement d'une somme
d'argent, ou à la délivrance de valeurs ou objets mobiliers,
elle n'établit formellement qu'une seule restriction, et c'est
pour le cas de simples dépens ; il se termine par un alinéa

destiné à réparer une omission importante, et à prévenir une grande confusion (omission et confusion imputables *à la seule* Commission d'Alger), et nous le retrouvons en termes presque identiques dans le projet de cet article, émanant de la Commission de Paris.

Cet alinéa déclare, en effet, « qu'il n'est rien innové aux règles de l'exécution des jugements en matière commerciale.»

Le surplus des prescriptions du même article a été maintenu en entier dans l'article 72 de l'ordonnance actuellement en vigueur; mais cet alinéa a été remplacé par cet autre, dont l'idée, par la plus déplorable des inadvertances, avait échappé aux législateurs de 1834 :

« Toutefois, la contrainte par corps prononcée contre des militaires présents en Algérie, et en activité sous les drapeaux, ne sera mise en exécution qu'un mois après l'avis donné par la partie poursuivante, au Chef de l'État-Major de la Division, qui en fournira récépissé (1).»

Signalons encore deux différences entre nos deux articles 60 et 72, et le projet de l'ordonnance de 1834 :

En premier lieu, ni l'un, ni l'autre de ces articles ne parle, comme l'article 56 du projet, de jugements emportant obligation de payer des indemnités ou dommages-intérêts. Il semblerait qu'à cet égard l'ordonnance a voulu conserver en Algérie le règne du droit commun.

En outre, ni cette ordonnance, ni celle de 1842, ne dispose, ainsi que le faisait le projet de la première, que les tribunaux pourront, pendant deux mois au plus, suspendre l'usage de la contrainte par corps.

Quoiqu'il en soit, et dès à présent, il est bon de le remarquer, de même que les deux Commissions, la législation de

____

(1) Par les mêmes motifs, un décret présidentiel du 10 décembre 1852, étendit le bénéfice de cette disposition aux Chefs indigènes investis d'un commandement par le gouvernement français.

1834 et 1842 n'admet, en général, la contrainte par corps en matière civile, que pour les actions *personnelles* et mobilières. Quant aux actions *réelles* et immobilières, il se tait, et son silence, expliqué par le rapport de M. Laurence, consacre indubitablement une exception formelle à l'égard de ces derniers.

Or, si je ne me trompe, de tout ce qui précède découlent deux conséquences :

D'une part, la loi algérienne, pour tout ce qui regarde la *matière* même de la contrainte par corps, a entendu créer en Algérie un état de choses provisoire, anormal, restrictif de la liberté de droit commun, dérogatoire à la loi de la France ;

D'autre part, pour ce qui est des *personnes*, il ne résulte d'aucun document, d'aucun texte d'histoire, et moins encore de loi, qu'elle ait voulu ou déroger ou innover à la loi métropolitaine.

Et ce qui le prouve, c'est le soin qu'elle a pris toute fois que l'occasion s'en est présentée, et bien qu'à la rigueur pareille déclaration ne fût pas nécessaire, de déclarer que le droit commun, le droit de la Métropole est applicable en Algérie, en tout ce qui n'est pas contraire à la législation algérienne, et de promulguer et rendre exécutoires en Algérie toutes les modifications apportées, en France, aux lois qui y régissent la contrainte par corps.

Ce qui le prouve encore, c'est que la *forme* de l'emprisonnement a toujours été en Algérie ce qu'elle est en France, et que si on peut affirmer qu'en thèse générale, le Code civil gouverne la contrainte par corps en Algérie, on peut également affirmer que le Code de procédure civile y gouverne l'emprisonnement, qui en est la mise à exécution.

Mais n'anticipons pas, et concluons sur cette première partie de notre travail.

A ne raisonner qu'avec les textes de la législation algérienne et les motifs qui les ont dictés, il est impossible de ne pas admettre que le but du législateur algérien a dû être, et a été, non pas de grossir le nombre des personnes passibles de la contrainte par corps, mais seulement élargir la matière de cette contrainte, c'est-à-dire d'y soumettre certains débiteurs, en Algérie, dans certains cas où, en France, elle ne pourrait les atteindre.

J'ai interrogé jusqu'ici, dans son esprit et dans sa lettre, tous ou presque tous les textes de la législation algérienne à ce sujet.

En réalité, ils se réduisent à un seul : celui de l'art. 72 de l'ordonnance de 1842.

Mais la faculté que cet article accorde au juge n'a-t-elle d'autres règles que l'appréciation des circonstances? — Par cela seul qu'il s'agit d'un jugement prononçant une des condamnations y mentionnées, par cela seul que la matière de ce jugement peut engendrer la contrainte par corps, faut-il dire qu'abstraction faite de la *personne* condamnée par ces jugements, et de la *somme*, objet de la condamnation, la contrainte par corps peut toujours être prononcée?

On l'a pensé, et on l'a jugé pendant près de trente ans, et peut être bien des esprits le pensent et bien des magistrats le jugent encore.

Je veux démontrer le contraire !

Non ! l'art. 72 n'est pas tellement général qu'il embrasse toutes personnes, pas tellement absolu qu'il s'applique à toutes matières !

J'ajoute : pas tellement indépendant de la législation métropolitaine, qu'il puisse se suffire à lui-même !

Eh quoi ! la contrainte par corps contre toutes personnes, la contrainte par corps en toutes matières, la contrainte par corps à raison de toutes sommes, et, avec cela, la contrainte par corps régie par le texte isolé d'un article unique d'une ordonnance coloniale!!

Y a-t-on sérieusement songé? Mais ce serait le renversement de la législation métropolitaine, le renversement de la logique juridique, le renversement du sens commun !

Je dis d'abord le renversement de la législation métropolitaine.

Et, en effet, qu'est-ce que cette législation ? La règle.

Qu'est-ce que la législation algérienne ? L'exception.

Le nier, ce serait substituer l'accessoire au principal, mettre,
si j'ose le dire, l'accident à la place de la substance, et, par la
force des choses, aboutir inévitablement à l'impossible et à
l'absurde !

Rien de plus facile à prouver.

V

Que faut-il pour cela ?

— Avant tout, retracer sommairement la pensée fondamen-
tale de la loi de la métropole.

Or, cette loi, croyez-vous qu'elle ait procédé, en matière
civile, comme en matière commerciale, par voie de règle générale ? Pas le moins du monde !

Il est un fait certain, une thèse incontestable, — unani-
mement reconnue et universellement acceptée, c'est que tous
les législateurs modernes, (j'appelle ainsi non seulement les
législateurs contemporains, mais encore tous les législateurs
chrétiens, par opposition aux législateurs païens, il n'en est
pas un, pas un seul dont l'œuvre respire aussi évidemment et
aussi sensiblement le christianisme et la civilisation de l'Évan-
gile que celle du législateur français.

Qui donc s'étonnerait que, pour lui, plus encore que pour
tout autre, la liberté civile, la liberté personnelle, la liberté
individuelle, cette forme de l'âme humaine, fût d'un assez
grand prix pour mériter d'être, tout au moins, entourée d'autant d'estime et d'autant de respect que l'âme elle-même,
cette forme du corps humain ?

Voilà pourquoi, aux yeux du législateur de 1804, la contrainte par corps n'est autre chose qu'une limite de droit

positif, apportée par un principe de nécessité sociale et de droit civil, au plus naturel et au plus illimité des droits naturels de l'homme : au droit, pour chacun, de jouir pleinement de sa personne et de sa liberté.

Voilà pourquoi aussi, désireux de ne rien laisser à l'arbitraire dans tout ce qui touche à la contrainte par corps, le Code civil et le Code de procédure n'ont pas craint de lui consacrer un titre tout entier, — le Code civil, non pour dire qu'il l'ordonne en toutes matières et contre toutes personnes, mais qu'il ne la tolère ou ne l'admet que contre certaines personnes et dans certaines circonstances, — le Code de procédure, pour déterminer minutieusement les formes tutélaires qui doivent en précéder, en accompagner ou en suivre l'exécution.

Voilà pourquoi enfin, à des époques diverses, depuis les Établissements de St-Louis, qui posa la première base de la liberté civile, jusqu'à la loi du 13 décembre 1848, qui semble en être le couronnement, voilà pourquoi, poussé par cet esprit divin de raison et de liberté chrétiennes, dont notre système législatif est généralement empreint, qui constitue l'essence de l'esprit législatif français, et qui a été solennellement sanctionné par nos lois modernes sur la contrainte par corps, le législateur français, suivant les besoins du temps et les exigeances de l'intérêt public, s'est appliqué à plusieurs reprises, et presque toujours dans des vues libérales et progressives, à élargir de tout son pouvoir le cercle, autrefois si limité et si étroit, de cette sainte et auguste chose qui a nom liberté individuelle.

La *liberté individuelle !* Ce nom, grâce à la France, exprime enfin une réalité vivante, une de ces facultés inestimables, inaliénables, conquête impérissable du christianisme et de la civilisation chrétienne !

C'est l'éternel honneur de la France de l'avoir, en quelque sorte, enfantée, nourrie, élevée, et sa sollicitude maternelle pour elle n'est certes pas sa moindre gloire.

Eh ! qui mieux qu'un Français pouvait dire d'elle, en plein Comice national (¹), qu'elle est aussi nécessaire à l'homme que Dieu lui-même au monde !

Qu'on me pardonne cette digression. Il est si doux de parler de la liberté, alors surtout qu'on l'aime, non seulement pour soi, mais encore pour tous !

VI

Que veut le Code Napoléon, pour qu'il y *soit* ou *puisse* y être porté atteinte ? car, d'après lui, la contrainte par corps est tantôt *impérative*, tantôt *facultative* !

Ce qu'il veut, c'est que la loi elle-même impute à l'homme qui en est frappé, ou un acte de dol, de fraude, de mauvaise foi, ou une violation de la foi publique, ou l'infraction d'un contrat avec la justice, ou la violation, avec voies de fait, du droit de propriété, ou la soumission, volontaire ou forcée de cet homme à cette mesure de rigueur, dans certains cas exceptionnels, ou sa résistance à un ordre régulier de justice, ou un grave manquement à la confiance publique.

Que veut-il encore ?

Que le juge, dans des circonstances déterminées, reproche au condamné un refus illégal et obstiné d'obéir à une sentence judiciaire définitivement exécutoire, ou bien de s'être inconsidérément placé lui-même sous le coup de la contrainte par corps, en prévision d'une éventualité réalisée.

Or, et ceci est de la plus haute importance, ce que veut le Code civil, c'est ce que veut la raison ! Lisez et relisez ses articles 2029, 2060 et 2052 et l'article 120 du Code de procédure civile, et je vous défie de pouvoir en douter !

Et, en effet, la raison ne dit-elle pas avec ces Codes, que ceux-là seuls *doivent* être passibles d'une voie d'exécution

______
(1) Mirabeau.

aussi ignominieuse et aussi défavorable qu'une peine, qu'un châtiment pénal :

Qui vendent ou hypothèquent l'immeuble dont ils savent n'être pas les propriétaires ;

Qui présentent comme libres, des biens hypothéqués, ou déclarent des hypothèques moindres que celles dont ces biens sont chargés ;

Qui refusent de rendre ce qui leur a été confié sous la pression d'une force majeure et inévitable ; de délaisser, par ordre de justice, le fonds dont ils ont dépouillé violemment le propriétaire, où, dans l'un et l'autre de ces cas, de payer les dommages-intérêts dûs à celui-ci ;

Qui ne veulent ou ne peuvent représenter les choses déposées entre leurs mains, comme fonctionnaires publics ou mandataires judiciaires ;

Qui ont en vain garanti judiciairement l'exécution d'une obligation, ou qui se sont volontairement soumis à la contrainte par corps, comme cautions de ceux que la loi y assujettit de plein droit ;

Qui, officiers publics, officiers ministériels, administrateurs ou comptables commis par justice, ne représentent ni ne restituent, soit les minutes dont la justice a ordonné la représentation, soit les titres et deniers qui léur ont été confiés ou remis par suite de leurs fonctions, ou qui ne rendent pas compte de leur administration.

Mais il y a plus ! La raison dit encore, de concert avec la loi, que ceux-là *peuvent*, suivant les circonstances, être contraints par corps à délaisser un immeuble ou à représenter un cheptel de bétail, des semences et des instruments aratoires à eux confiés,

Qui, nonobstant une sentence judiciaire devenue définitive sur la question de propriété d'un immeuble, refusent d'exécuter cette sentence, ou qui, ne justifiant pas du déficit de ces objets par le fait de celui qui les leur a confiés en leur qualité de fermiers ou colons partiaires, sont dans l'impossibilité de les représenter à la fin de leur bail.

Tels sont (permettez-moi ce mot) les *délinquants* contre qui la loi *ordonne* ou *permet* les sévérités de la contrainte par corps.

Et c'est à bon escient que je dis *délinquants*; car si on va au fond des choses, on reconnaîtra facilement que, dans toutes ces hypothèses, la loi française s'est proposée la repression, l'expiation par les rigueurs d'une mesure qui revêt les caractères moraux et matériels d'une peine, de ces machinations, de ces subterfuges, de ces perfidies, de ces fraudes, de cette mauvaise foi, de cette résistance à la justice, de ces violations de la foi publique ou privée, qui, aux yeux de D'Aguesseau et de nos plus grands jurisconsultes, sont, pour ainsi parler, imprégnés d'un mélange de *délit* ou de *crime*, constituent une atteinte coupable au crédit et à la confiance, base des transactions civiles, et nécessitent impérieusement l'intervention d'une sorte de vindicte publique.

Mais comment, sous quelle condition s'exercera cette intervention ?

Voici un débiteur qu'un créancier a le droit, au dépens de sa liberté, de contraindre au paiement de sa dette ou à l'exécution de ses engagements'

Ce créancier le pourra-t-il en vertu d'un titre quelconque ?

Le pourra-t-il, quelque soit le montant de la somme qui lui est dûe ?

Le pourra-t-il, quelle que soit la personne qui la lui doit ?

Le pourra-t-il pour un temps indéterminé ?

En d'autres termes, que faudra-t-il pour que la contrainte par corps soit autorisée par la loi ?

Le Code civil, le Code de procédure, les lois de 1832 et 1848 sur la contrainte par corps, se sont chargés de répondre à ces questions.

Non ! la contrainte par corps ne s'exercera pas sur la seule exhibition de n'importe quel titre de créance !

Non ! toute dette n'entraînera pas cette redoutable sanction contre tout débiteur !

Non ! la contrainte par corps ne sera pas illimitée dans sa durée !

En thèse générale, elle ne pourra être appliquée qu'en vertu d'un jugement — contre certaines personnes, — pour certaines sommes, — et pour un certain temps.

Quoi de plus sage et de plus juste ?

Si le législateur se résigne à jeter pour un temps un voile de deuil sur la statue de la liberté privée, s'il consent quelquefois à la sacrifier à l'intérêt public, encore faudra-t-il qu'une véritable, qu'une absolue nécessité lui commande ce douloureux sacrifice !

Ainsi donc,

La contrainte par corps n'aura jamais lieu que pour une somme principale, excédant 500 francs.

Impérative, sa durée sera d'un an au moins et de dix ans au plus.

Facultative, le minimum de sa durée sera d'un an, et son maximum de cinq ans.

Impérative ou facultative, elle ne pourra être prononcée en aucun cas, contre les mineurs, — ni, sauf le cas de stellionat, contre les femmes et les filles, — ni contre les septuagénaires.

Ainsi encore, dans plusieurs cas, des considérations d'humanité ou de parenté mettront certaines personnes à l'abri de ses coups.

Ajoutons, pour clore cette analyse générale des conditions *personnelles* et *réelles* de la contrainte par corps, en matière civile, que tout jugement intervenu en France, au profit d'un Étranger qui n'y serait pas domicilié, emportera, de plein droit, le pouvoir de l'exercer contre lui, à moins que la somme principale de la condamnation ne soit inférieure à cent cinquante francs.

Voilà le droit commun, voilà la règle, voilà la législation métropolitaine !

Or, on l'a vu, tel n'est pas le droit spécial, anormal de l'Algérie, telle n'est pas la législation algérienne.

Mais, en quoi en diffère-t-elle?

Ces deux législations n'ont-elles rien ou presque rien de commun entre elles? Ou bien, celle-ci est-elle liée à celle-là, comme l'exception à la règle, et la dérogation au principe?

Je soutiens cette dernière opinion, et je vais démontrer que l'opinion contraire serait aussi anti-juridique qu'illogique et irrationnelle.

Qu'a voulu le législateur algérien? Resserrer en Algérie, dans des limites plus étroites qu'en France, la liberté du débiteur en face de ses créanciers.

Comment a-t-il réalisé sa volonté? En rendant généralement facultative, dans la plupart des cas, une voie de coaction qui, tantôt impérative, tantôt facultative de l'autre côté de la mer, ne peut y être qu'exceptionnellement employée et dans les seuls cas spécialement prévus par la loi.

Rien de plus, mais aussi rien de moins!

Je conçois, dès-lors, que toute sa pensée me soit suffisamment révélée par un seul et unique article!

Qu'avait-il besoin d'en édicter plusieurs? Il avait devant lui, sous ses yeux, la législation de la Métropole, cette législation qu'en tant que législation civile, notre armée avait, si je puis ainsi m'exprimer, emportée dans ses fourgons et implantée avec le drapeau de la France sur les rivages de la Régence, le jour où la Kasbah d'Alger était tombée en son pouvoir.

Tout ce qu'il voulait en maintenir et en corriger, il le déclarait implicitement, tacitement, négativement, par cela seul qu'il ne déclarait pas explicitement, expressément, affirmativement, le contraire.

La règle subsistait, tant qu'il n'y était pas dérogé.

En agissant ainsi, il se conformait pleinement aux principes les plus certains du Droit.

Et, en effet, une dérogation, ou, ce qui est la même chose,

une exception légale ne se présume pas. Une loi reste debout, jusqu'à ce qu'une autre loi la renverse. Une loi spéciale ne modifie une loi générale qu'en vertu d'un texte formel, ou à raison de l'impossibilité, bien démontrée, de concilier l'interprétation et l'exécution de la première avec l'interprétation et l'exécution de la seconde.

Et, dans l'un comme dans l'autre cas, cette dérogation doit être rigoureusement renfermée dans les limites que le législateur a entendu lui imposer.

Or, ce qui est vrai d'une simple dérogation, l'est à plus forte raison, d'une abrogation. N'est-il pas évident qu'en dehors de ces principes et de ces règles, la *totalité* d'une loi peut, moins encore que sa *partie*, être supprimée ou supplantée par une autre loi, et que, sauf le cas d'une désuétude nettement caractérisée, universellement constatée et acceptée, une loi doit être respectée, sous peine de livrer la société qu'elle régit à l'arbitraire et au désordre?

Que serait-ce si, d'une part, la loi dont l'existence est mise en question par suite d'une prétendue dérogation ou abrogation, était, comme la loi sur la contrainte par corps, une loi restrictive d'une faculté naturelle et sacrée, une loi, pour ainsi parler, *pénale*, et si, d'autre part, la loi qui contiendrait cette dérogation ou cette abrogation, avait pour objet de réduire à des proportions plus restreintes encore cette faculté relativement illimitée, comme toutes les facultés de l'homme?

Maintenant, armée de ces principes, interprétez l'art. 72!

Quelle en sera la conséquence? sinon que, modifiant, pour l'appliquer à la situation particulière de l'Algérie, la loi métropolitaine sur la contrainte par corps, en matière civile, et n'ayant en vue que la *chose*, l'*objet* du jugement qui la prononce, cet article a abandonné à la conscience du juge algérien le soin de déclarer ou rendre exécutoire par corps, suivant les circonstances, toute sentence, portant sur des actions personnelles ou mobilières?

Donc, et ces conclusions nous paraissent juridiquement incontestables;

Donc, pour toutes actions *réelles* ou *immobilières*, l'article 72 s'en réfère au Droit commun;

Donc encore, à l'égard des *personnes*, *sujet* de la contrainte par corps, comme aussi à l'égard de la *durée* de cette contrainte, ni exception, ni dérogation au droit de la France;

Donc enfin, la loi algérienne sur la contrainte par corps, loin de se suffire à elle-même, n'est qu'une modification, sur un seul point, de la loi française, un accident de cette loi qui est tout à la fois sa base, son complément et son couronnement.

VII

Je crois l'avoir prouvé, soutenir que la législation algérienne sur la contrainte par corps est entièrement indépendante de la législation française sur la même matière, c'est émettre une opinion contraire aux principes du Droit.

Prouvons maintenant que cette opinion n'est pas moins contraire à la logique et à la raison.

Que prétendent les adversaires de la nôtre? Que la loi coloniale n'est pas une simple dérivation de la loi métropolitaine; qu'autre est la loi qui régit la contrainte par corps en Algérie, autre, celle qui la régit en France; qu'enfin, la première de ces lois a rompu en visière avec la seconde.

Eh bien! soit! Mais alors, voyez où, bon gré, mal gré, vous entraîne votre opinion!

Vous dites: Les termes de l'art. 72 de l'ordonnance sont absolus; ils n'admettent ni distinction ni limite: — tout jugement peut prononcer la contrainte par corps.

A merveille! Ainsi, toutes personnes, hommes, femmes et filles, mineurs, majeurs et vieillards, sans distinction d'âge ni de sexe peuvent être condamnés par corps; ainsi, toutes condamnations, — quelle que soit la nature de son objet, que cet objet soit un meuble ou un immeuble,—quel qu'en soit le montant, alors même qu'il s'agirait de la plus petite des sommes, seront passibles de cette voie d'exécution; ainsi, il sera facultatif au juge d'en fixer arbitrairement, par exemple, le minimum à un jour, le maximum à dix ans, ou plutôt, il n'y aura pour lui ni minimum, ni maximum, et là où il est le plus nécessaire de ne rien laisser à l'arbitrage du juge, il lui sera loisible de dire comme cet autocrate de Juvénal :

Sic volo, sic jubeo, sic pro ratione voluntas! (1)

Ces conséquences vous effraient, je le sais, et vous reculez devant elles ! Et cependant, je vous le demande, comment y échapperez-vous ?

Sera-ce par des accommodements dûs à la peur, ordinairement si salutaire, de ce spectre de l'injustice qui se pose en face d'une conscience partagée entre la rigueur du droit strict, et les tempéraments de l'équité ? Sera-ce par la crainte de cette *summa injuria* (2), que la sagesse du jurisconsulte identifie avec la *summum jus* ?

Mais prenez garde ! L'expérience a démontré qu'une fois lancé sur cette pente glissante et périlleuse, le juge, quelquefois par inintelligence, plus souvent par inadvertance, d'autres fois par l'application, sans mûr examen, d'un pouvoir d'autant plus facile à exercer que, dans la plupart des cas, il restera sans contrôle, le juge, dis-je, abusera de la faculté illimitée que vous lui accorderez, et il arrivera, ce dont j'ai eu cent fois la preuve sous les mains, que la condamnation avec contrainte par corps, devenue affaire de style, figurera dans des jugements contre des femmes, ni commerçantes ni

_____

(1) Ainsi je veux, ainsi j'ordonne,
Ma raison, c'est ma volonté !

(2) *Summum jus, summa injuria,* droit extrême, extrême injustice.

stellionataires, contre des vieillards, contre des parents, — pour des causes immobilières et pour des sommes de misérable importance.

Or, n'eût-elle contre elle que de pareils résultats, n'en serait-ce pas assez pour écarter l'interprétation que je combats?

Affirmons donc, et affirmons hardiment, avec la saine logique et la saine raison, qu'il n'en est pas, qu'il ne doit pas, qu'il ne peut pas en être ainsi !

La logique ne vous dit qu'une chose : c'est qu'une conséquence ne doit pas excéder les limites de son principe ; que, dès là que l'art. 72 ne parle que de certaines *condamnations* et non de certains *condamnés*, il n'est, sous aucun prétexte, permis d'en étendre les termes au-delà du cercle dans lequel le législateur a entendu la circonscrire : qu'élargir ou restreindre ce qu'il dit, ce serait s'insurger contre les règles les plus vulgaires du plus vulgaire des raisonnements, mettre la volonté du juge à la place de celle de la loi !

Et la raison, dont la logique n'est, après tout, que la législation, ne vous fait-elle pas entendre le même langage?

Quoi donc? En dépit des enseignements de l'histoire, en dépit de la pensée du législateur de 1834, clairement manifestée dans les motifs de l'ordonnance, pensée qui fut certainement de ne déroger, que quant aux *choses* seulement, aux principes du Code Napoléon, — en dépit surtout du silence absolu qu'il a cru devoir garder touchant les *personnes* passibles de cette contrainte, vous voudriez que le législateur de 1842, — plus rigoureux que les Romains, si rigoureux pourtant envers leurs débiteurs, — plus inhumain que la plupart des législateurs de notre temps, eût oublié tout-à-coup ce qui est dû à la faiblesse de l'âge, au respect d'un corps usé par les années, à la protection d'un sexe exposé à mille séductions et à mille dangers, aux égards dûs aux liens sacrés du sang, de la famille, de la parenté! Vous voudriez que le législateur algérien, ou plutôt le législateur français de l'Algérie, eût foulé aux pieds, en même temps que cette humanité, cette générosité, ce dévouement à tout ce qui est grand et saint, — à tout ce qui est progressif et civilisateur qui distingue la France, — cette dignité et cette liberté des individus, dont le Code Napoléon a si admirablement tracé les règles et posé les limites, et qui sont comme l'alvéole et le rudiment de la dignité et de la liberté des peuples !

J'en atteste le génie de mon pays ! J'en atteste la mission de la France ! Non, non, mille fois non !

Ici, comme en France, quelle que soit d'ailleurs leur nationalité, — mineurs dans tous les cas, — septuagénaires hors celui du stellionnat, — femmes et filles non marchandises publiques et non stellionataires, ascendants, descendants, alliés, — retrouveront l'égide tutélaire sous laquelle le législateur français a entendu les abriter contre les atteintes de la contrainte par corps.

Ici, comme en France, cette contrainte sera limitée, aux cas spécialement prévus par la loi de la France !

Ici, comme en France, nulle contrainte par corps ne sera prononcée que pour certaines sommes et pour un temps déterminé.

A quoi donc se réduira la différence entre la loi de France et la loi d'Algérie ? Est-il besoin de le redire ? A ceci : c'est que s'il s'agit d'un jugement ordonnant le paiement d'une somme d'argent, ou la délivrance de valeurs ou objets mobiliers, la contrainte par corps, qui ne serait ni facultative, ni impérative en France, sera facultative en Algérie.

En résumé, ce texte de la loi, son esprit, l'histoire, le droit, la logique, la raison, tout s'accorde à proclamer, contrairement aux préjugés d'une déplorable routine, que là se borne la dérogation de la législation algérienne au principe de la législation française.

Et encore, pour qu'il y ait lieu à application, sera-t-il indispensable que le débiteur *coupable* de fraude, de mauvaise foi, soit au moment de son engagement, soit depuis, soit au moment de l'échéance, ou se trouve dans l'un des mille cas de ce *dolus malus* que les Romains assimilaient si justement à une faute; ou, ce qui revient au même, que le créancier prouve, non pas seulement que son débiteur ne *peut* pas payer, mais encore qu'il ne *veut* pas payer, ou qu'il s'est mis volontairement hors d'état de payer !

Je regrette de ne pouvoir montrer ici, dans une courte digression, combien il importe que dans toute instance contradictoire, et, à plus forte raison, par défaut, la contrainte par corps ne soit jamais prononcée sans qu'elle ait été l'objet de conclusions spéciales, spécialement développées et spécialement justifiées. Mais cela me mènerait trop loin, et je crois d'ailleurs en avoir dit assez pour que le lecteur puisse tirer lui-même cette conséquence de mon travail.

VII

Je reprends donc le cours de mes idées.

Dans le monde judiciaire, il est des esprits (à bien des égards, des meilleurs), qui, aveuglés par une sorte de fétichisme pour les us et coutumes de leurs devanciers, ne peuvent consentir à divorcer avec le passé. Le texte de la loi en général, son esprit, l'histoire, le droit, la logique, la raison, tout cela leur est de peu, quelquefois même de rien; un texte, un texte formel, topique, brutal, voilà ce qu'il leur faut ! Hors de là, il n'y a pour eux que le vide.

Or, la législation algérienne nous fournit-elle un pareil texte ? Dit-elle quelque part ce que nous avons essayé de démontrer, et ce qu'elle n'avait pas besoin de dire, que la loi française sur la contrainte par corps sera exécutée en Algérie, sauf les exceptions par elle apportées à cette loi ?

Oui ! elle le dit, et elle le dit assez clairement pour qu'il ne soit pas possible à un homme de bonne foi de se méprendre sur le sens de ses paroles !

Ouvrez, je vous prie, l'ordonnance du 16 avril 1843, sur la promulgation du Code de procédure en Algérie, et les modifications établies à ce Code !

Qu'y lisez-vous ? « La loi du 25 mai 1838, et la loi du 17 avril 1832 ne seront exécutées en Algérie en tout ce qui n'est pas contraire aux dispositions ci-dessus, ni aux dispositions des ordonnances, arrêtés, et réglements antérieurs, qui ne sont pas modifiés par la présente ordonnance. »

Vous le voyez ! Le législateur promulgue en même temps, comme deux *lois-principes*, la loi sur la justice de paix et celle sur la contrainte par corps, deux lois qui, la seconde comme la première, pouvaient être et étaient *en fait*, avant ce texte, exécutées en Algérie comme en France.

Sans doute, il limite leur exécution, mais c'est pour le cas où il y aurait contradiction entre ces lois et les lois de la Colonie.

Or, pour nous borner à la contrainte par corps, où est cette contradiction ? Qu'est-ce qui, dans l'art. 72 de l'ordonnance, empêche l'exécution de la loi de 1832, et par voie de conséquence, du titre XVI du Code Napoléon, dont elle *humanise* ou complète certaines dispositions ?

Cette loi, remarquons-le bien, maintient et développe le titre du Code sur la contrainte par corps, et ne fait avec lui qu'une seule et même loi. Quand donc l'art. 45 de l'ordonnance de 1843 nous dit que cette loi sera exécutée, sauf le cas où elle serait incompatible avec la loi algérienne, c'est comme si elle nous disait : Les principes de la législation restrictive de la liberté individuelle, seront appliqués tant qu'il n'y sera pas dérogé par l'exception de l'article 72 de l'ordonnance de 1843.

C'est ainsi que l'a compris, pour la femme en particulier, après et avec le Tribunal d'Alger, la Cour souveraine d'Alger.

Et dans quelle espèce, s'il vous plaît? —Dans l'espèce la moins favorable à la liberté, .— à propos d'une folle-enchère faite par une femme algérienne placée entre deux écueils, l'art. 72 de l'ordonnance, et l'art. 740 du Code de procédure, c'est-à-dire, entre un article de la loi algérienne jusqu'alors interprété dans le sens le plus absolu et le plus général, malgré sa rédaction, si j'ose le dire, toute *réelle*, « tout jugement portant condamnation », et un autre article de la loi métropolitaine, longtemps interprété dans le même sens, grâce surtout à sa rédaction toute *personnelle*. « Le fol enchérisseur, etc. »,

Et cependant, cette femme a passé saine et sauve entre ces deux écueils, et cela devait être. En principe, la femme ne peut être contrainte par corps, au civil, que pour stellionat, et nulle part il n'a été textuellement dérogé à ce principe.

Et ce qui a été décidé, ce qui, désormais, sera toujours et partout décidé pour la femme, on le décidera pour le septuagénaire, pour tous les individus jouissant des immunités du droit commun, — de même que pour le mineur lui-même.

Oui! voilà qui est un fait accompli! En Algérie, même en présence de l'art. 72, la femme, la fille, le septuagénaire, n'importe leur nationalité, sont enfin émancipés d'une servitude éventuelle, véritable épée de Damoclès qu'une jurisprudence, ou mieux, qu'une pratique erronée avait, pendant près de trente ans, suspendue sur leur tête comme une incessante menace.

A notre avis, quoique ce revirement libéral de la jurisprudence de la Cour d'Alger suffît pour assurer cette émancipation, il n'était pourtant pas inutile de la raffermir sur des bases plus larges et plus solides encore. Et ce qui n'était pas moins utile, c'était, pour ramener un progrès nouveau dans cette jurisprudence, de convaincre certaines intelligences rétives et rétrogrades qu'en dehors des deux cas exceptionnels de l'art. 72, la contrainte par corps en Algérie doit être, est purement et simplement ce qu'elle est en France.

Mais je veux quelque chose de plus progressif et de plus radical, et j'espère ne pas tarder de l'obtenir. Pour tous les habitants de l'Algérie, excepté pour les indigènes arabes et kabyles, contre qui la contrainte par corps pourra longtemps encore être utilement exercée, suivant les circonstances, à titre d'épreuve de solvabilité, nécessitée par leurs habitudes d'enfouir leur argent et leurs bijoux dans la terre, et par leur amour d'une vie errante et vagabonde, je veux encore, — quoi donc ? — Je veux l'abrogation de cet article, son abrogation pleine et entière.

Et pourquoi me la refuserait-on ? N'ai-je pas prouvé que rien en fait, que rien en droit ne militait plus *aujourd'hui* en faveur d'un refus contre lequel luttent à l'envie, et les intérêts de la personne des colons, et les intérêts du progrès de la colonisation. Qu'on le sache bien, il ne faut pas qu'aux yeux des colons présents et à venir, l'Algérie passe pour un pays, pour ainsi dire, fermé de tous côtés à la loyauté et à la bonne foi, et où, comme en 1834, la mauvaise foi et la déloyauté doivent encore se présumer. Cela ne serait ni vrai, ni juridique, ni même politique. Il y a plus, cela serait le plus souvent inutile. N'est-ce donc pas assez qu'un créancier puisse, dans tous les cas, par une opposition (1) au départ de son débiteur, forcer celui-ci de lui concéder un titre de créance, s'il n'en a pas, ou, s'il en a un, le retenir dans une colonie, l'attacher, en quelque sorte, captif à des rivages qu'il comptait quitter pour toujours, exercer ainsi contre lui une contrainte physique qui lui donnera l'Algérie pour prison, et ne le cédera qu'à la prestation préalable d'une garantie ou d'une caution, résultat de la contrainte morale qu'entraîne nécessairement l'embargo de cette opposition ?

Je le répète donc, tout conseille, tout provoque, tout commande l'abrogation de l'art. 72.

---

(1) Ordonnance du 16 avril, 12 mai 1843, chap. 4.

Puisse cette étude hâter le jour de cette abrogation! Ce jour-là, je crois en entrevoir l'aurore, et dès-à-présent, je le salue comme le signe éclatant d'un mouvement en avant dans nos mœurs publiques, comme la révélation incontestable d'un véritable progrès dans le Droit de l'Algérie, comme le témoignage non équivoque d'une nouvelle et importante assimilation de la législation de l'Algérie avec la législation de la France.

Constantine. — Typ. et lith. Alessi et Arnolet

ÉTUDES LÉGISLATIVES ET JUDICIAIRES

SUR L'ALGÉRIE

PAR

G. FRÉGIER

Président du Tribunal civil de première Instance de Sétif, membre de l'Académie
de Législation de Toulouse.

Ont paru :

De la Justice de paix en Algérie

Du Jury

Des Agréés

Du Barreau

De l'Enseignement juridique

Des Servitudes militaires

La question juive

De l'Inamovibilité judiciaire

Esquisses sur la Justice musulmane

Du Notariat

De la Succession israélite

De l'Absolutisme en face de la loi

Notes d'un magistrat français sur le traitement de la magistrature algérienne

De l'Hypothèque de la femme juive

De la Naturalisation

Du défaut de transcription des transactions immobilières entre musulmans

Du Jury d'expropriation

Lettres d'un colon du Chélif

De la Milice algérienne dans ses rapports avec la Légion-d'Honneur

Du Droit algérien

De la Législation algérienne

Lazarina ou la Contrainte par corps (1re partie)

Du mariage français de l'israélite algérien

Du Notariat

Du Statut réel de l'israélite

Des Interprètes en Algérie

La Chicano

Vont paraître :

Du Syndicat commercial en Algérie

De l'Unité législative

Du Défensorat

Des Huissiers

Des Auxiliaires extrajudiciaires de la justice en Algérie

Lettres d'un soldat algérien sur la promulgation des lois françaises

Du Séquestre en Algérie

Mélanges de législation algérienne